# МЕТОД "ШІСТЬ СИГМ

Підвищення якості та стабільності вашого бізнесу

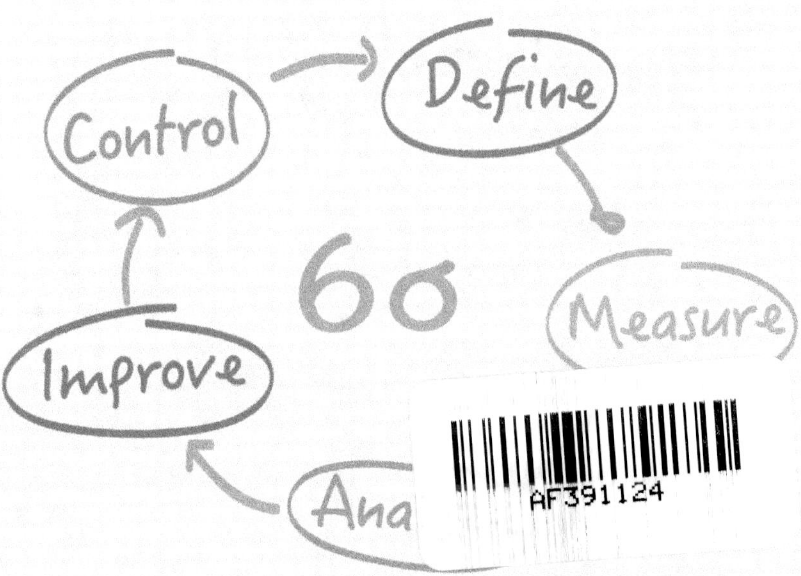




50MINUTES.com

# МЕТОД "ШІСТЬ СИГМ

## Підвищення якості та стабільності вашого бізнесу

написаний Anis Ben Alaya
перекладено Yaroslav Melnik

50MINUTES.com

# МЕТОД "ШІСТЬ СИГМ

## КЛЮЧОВА ІНФОРМАЦІЯ

- **Імена:** Шість сигм, 6 сигм, 6 σ

- Використовує: якісний, кількісний та структурований під-
хід до управління бізнесом.

- **Чому він успішний?** Це точний підхід до вдосконалення
ключових бізнес-процесів для забезпечення надійності
понад 99,99%. Метою є досягнення в середньому 3,4
дефектів на мільйон дефектних можливостей (де 3,8
сигми, наприклад, відповідає 10 000 дефектів на мільйон).

- **Ключові слова:**

  - <u>Клієнти</u>: всі агенти, зацікавлені в продукті або послузі

  - <u>Дефект</u>: недосконалість продукції

  - <u>DMAIC</u>: управлінський метод з метою вдосконалення
продукту або послуги

  - <u>Стандартне відхилення</u>: варіація або дисперсія змін-
ної відносно порогового значення (середнього)

  - <u>Управління проектами</u>: підхід, який використовується
в компанії для організації проекту на різних стадіях

  - <u>Інформація</u> — дані, що використовуються для ство-
рення всебічного уявлення про певну ситуацію, не
залишаючи без уваги деталі

  - <u>Стратегічна мета</u>: цілеспрямована збалансованість,
що передбачає дії, які ведуть до отримання вигоди
від сприятливої ринкової позиції

- Статистичний інструмент: метод аналізу бази даних з використанням чисельного підходу

- Ефективність: числовий результат

- Процес: різні етапи виробництва

- Якість: визначальні характеристики продукту

- Сигма (σ): Грецька літера, що позначає стандартне відхилення в статистиці.

## ВСТУП

Зіткнувшись з пропозицією продукту, яка недостатньо або взагалі не задовольняє клієнтів або бізнес, останній може прийняти рішення про перегляд свого робочого процесу (виробництва тощо) з метою конкретного поліпшення його якості. Метод "Шість сигм" дозволяє відкалібрувати нові цілі і зменшити ймовірність відхилень в рамках процесу, після того, як був проведений детальний аналіз для виявлення дефектів, які змінюють задоволеність як клієнтів і співробітників, так і компанії.

### Історія

В середині 1980-х років американська компанія Motorola зіткнулася зі значним тиском з боку азіатських виробників, особливо японських, оскільки її система виробництва, що принципово відрізнялася від азіатських систем, більше не здавалася придатною для реалій ринку. Протягом 1970-х років японські заводи були більш орієнтовані на довговічність і надійність і тому пропонували простіші моделі, ніж американські заводи, які робили більший акцент на елементах якості (дизайн моделі, опції тощо). Американські фабрики тоді зверталися до інспекцій для контролю продукції (ненадійний і дорогий метод).

Зіткнувшись зі зменшенням прибутків, керівництво Motorola вирішило змінити свою філософію і об'єднати статистичні інструменти з принципами лідерства, щоб сформувати основу комплексної системи управління: "Шість сигм". Результати були помітні одразу, оскільки якість продукції миттєво покращилася. Процес почав поширюватися в 1990-х роках і був прийнятий компанією General Electric, яка швидко відчула переваги цього методу управління.

На сьогоднішній день більшість великих компаній зробили вибір на користь цієї системи: Caterpillar, Kodak, SFR та інші. Шість сигм стала стандартом якості з точки зору ділової практики і викладається в багатьох бізнес-школах світу.

 # ПРИЄМНО ЗНАТИ

Ось кілька прикладів переваг "Шість сигм":

У період з 1986 по 1990 рік Motorola капіталізувала 2,2 мільярда доларів;

Завдяки цьому методу компанія General Electric у 1995 році отримала прибуток у розмірі від 7 до 10 мільярдів доларів;

Банк Америки заощадив сотні мільйонів доларів, вдвічі скоротив час виконання операцій і значно зменшив похибку вже через три роки після запровадження цього методу у 2001 році.

## Визначення моделі

Шість сигм – це аналітичний підхід, заснований на статистично перевірених фактах, який має на меті покращити функціонування компанії (виробництво, адміністрування тощо, з меншими витратами) та забезпечити якість (надійність 99,99%) продукції або послуг для клієнтів. Свою назву цей метод отримав від специфічного статистичного інструменту – середньоквадратичного відхилення, що позначається грецькою літерою σ. По суті, "Шість сигм" використовує аналіз процесів для забезпечення продукту в "розриві якості" (тобто не більше ніж на 3 σ від середнього значення), очікуваного клієнтом і компанією. Це дозволяє компанії обмежити варіації та дефекти в процесі.

# ТЕОРІЯ

Компанії, які використовують цей метод управління якістю для поліпшення своєї продукції, зосереджуються на трьох пріоритетах: споживачі, працівники та процеси. Пріоритетність клієнтів означає, що ви можете їх ідентифікувати, знати їхні очікування та передбачити додану вартість, яку компанія може їм надати. Це здається очевидним, але багато компаній забувають, що прибуток походить від задоволеності клієнтів. Два інших пріоритети також повинні бути в центрі уваги компанії, оскільки нехтування ними може опосередковано викликати невдоволення серед клієнтів – ці три сфери взаємопов'язані.

Шість сигм дотримується двох методологій. Їх використання залежить від контексту, в якому компанія хоче розширити своє виробництво: за рахунок розширення або створення продукту.

## DMAIC

При впровадженні "Шість сигм" для поліпшення результатів існуючого продукту або послуги необхідно дотримуватися наступного процесу, який називається "DMAIC":

- **Визначаємо.** Визначення замовників, очікувань, статуту команди з конкретними заходами щодо організації етапу розробки проекту, загального процесу та фінансових результатів.

- **Вимірювати.** Вимірювати і збирати дані (дефекти) процесу.

- **Аналізувати**. Проаналізувати зібрані дані та процес з метою виявлення проблем, пов'язаних з поточною ситуацією.

- **Вдосконалюватись**. Впроваджувати інновації для визначення потенційних рішень, а потім застосовувати їх у невеликих масштабах, щоб перевірити, чи ефективно вони покращують продуктивність процесу.

- **Контроль**. Контроль, деталізація та реалізація плану для забезпечення більш масштабного покращення.

## DMADV

Методологія DMAIC використовується для вдосконалення існуючого продукту або послуги. Інша методологія використовується у випадку розробки та проектування нового продукту або послуги: "DMADV" (Define, Measure, Analyze, Design and Verify – Визначити, виміряти, проаналізувати, спроектувати та перевірити).

Етап проектування в DMADV передбачає виготовлення продукту або створення послуги. Команда забезпечує відповідність продукту.

## ЩО ТАКЕ "ШІСТЬ СИГМ"?

На технічному рівні "Шість сигм" базується на теорії варіабельності, що означає, що все піддається статистичному вимірюванню в порівнянні з безперервною шкалою (вага, зріст, швидкість і т.д.), яка слідує за дзвоноподібною кривою. Ця крива, яка називається "крива Гауса", є симетричною і представляє практично 100% того, що вимірюється.

Вона може бути розділена на кілька сегментів – стандартних відхилень, позначених грецькою літерою σ (сигма), які визначають варіабельність, тоді як вісь, позначена літерою μ (му), є середнім значенням, до якого наближається кожен процес. Чим слабша ця варіація, тим більше виробництво відповідає значенням, близьким до цільового.

Застосування "Шість сигм" передбачає вимірювання поточних показників, а для цього необхідно визначити сигму між реальним середнім і μ-середнім, яка показує досконалість продукту або послуги і, таким чином, опосередковано показує середній рівень задоволеності споживача. Розглядаючи незадоволеність клієнта як дефект, на який вказує відстань від оптимального рівня задоволеності, "Шість сигм" означає, що на один мільйон можливостей буде лише 3,4 дефекту. У цьому контексті компанія фокусується на якості, яка задовольняє споживача, щоб досягти майже досконалості: вершини кривої μ. Статистично дисперсія не може бути від'ємною. Негативна і позитивна сигма просто виражають відстань між продуктом з максимальною середньою якістю, яка задовольняє споживача.

Таким чином, "Шість сигм" (через належне управління процесами) може бути використана для визначення того, наскільки компанія близька до найкращих показників діяльності.

Однак "Шість сигм" не слід розглядати як технічний інструмент. Компанії, які вирішили застосувати цей метод, повинні розглядати його як можливість, що дає їм змогу зрозуміти все, що потрібно зробити для досягнення майже досконалості та постійного покращення результатів діяльності.

Звичайно, як тільки компанія почне вимірювати свою сигму, вона може швидко розчаруватися, особливо якщо помітить, що багато показників знаходяться в інтервалі, похідному від оптимального (на рівні з абсолютною величиною 1 або 2 σ). Але не слід сприймати цей метод як "політику перманентного незадоволення" досягнутими результатами. По суті, він стимулює всіх працівників до постійного зменшення варіації.

## УЧАСНИКИ ПРОЕКТУ

Крім процедур, описаних вище, не можна не враховувати внесок інших інструментів, які використовуються на різних етапах впровадження "Шість сигм" (мозкові штурми, діаграми тощо) для постійного вдосконалення та продовження процесу. Зокрема, різні гравці в суспільстві беруть участь в обговореннях і працюють над розробкою висхідного методу.

По-перше, керівник **компанії** повинен бути тим чи іншим чином залучений до прийняття філософії "Шість сигм" і поширення її по всій організації з самого початку. Без його повної підтримки команда, відповідальна за впровадження процесу вдосконалення, не зможе досягти успіху. Люди, які працюють над проектами "Шість сигм", як правило, є частиною найбільш компетентних підрозділів організації. Ієрархія складається наступним чином:

- **Чемпіони** є гарантами проекту. Вони допомагають Чорним поясам обирати проекти вдосконалення для роботи, оцінювати їх потенціал та оцінювати продукцію компанії у порівнянні з продукцією конкурентів. Роль

Чемпіонів полягає в забезпеченні нагляду, підтримки та фінансування проектів "Шість сигм", а також в управлінні персоналом, необхідним для їх реалізації. Вони є стовпами проекту і саме тому їх обирають з найкращих людей.

- **Чорні пояси** є лідерами проекту і єдиними людьми, які працюють над ним повний робочий день. Нерідко вони проходять попередню підготовку для того, щоб краще визначити свою місію і безпосередньо застосовувати п'ять фаз методології DMAIC, які ведуть до "Шість сигм".

- **Зелені пояси** допомагають чорним поясам у виконанні проекту. Вони також проходять навчання, щоб команда могла розмовляти однією мовою, а отже, працювати над досягненням спільної мети.

Шість сигм – це перший метод управління, який зачіпає верхівку піраміди так само сильно, як і низ. Це процес, який привносить певну динаміку в бізнес.

# ОБМЕЖЕННЯ ТА ПРОДОВЖЕННЯ

## ОБМЕЖЕННЯ ТА КРИТИКА

Шість сигм часто розглядається як революційний і потужний інструмент управління завдяки результатам, зафіксованим багатьма компаніями, які взяли його на озброєння. Однак, як і всі методи, він має певні обмеження, як методологічні, так і термінологічні. Крім того, як і у випадку з багатьма іншими економічними аспектами, існує різниця між теоретичними та практичними аспектами. Американський економіст Джордж Екес, фахівець з "Шістьох сигм", звертає увагу на помилки, які часто спостерігаються при застосуванні методу, і пропонує деякі рекомендації:

- **Слід враховувати, що підвищення якості не є результатом лише покращення статистики.** Суворість і дисципліна можуть бути значними перевагами, але вони не охоплюють всіх засобів, необхідних для належного управління та вдосконалення процесу. Шість сигм поєднує в собі ряд взаємодоповнюючих напрямків і в жодному разі не нехтує людським аспектом, який є одночасно і дійовою особою (співробітники всередині компанії), і метою (клієнти, яких необхідно задовольнити). Цей аспект часто не береться до уваги під час застосування в рамках бізнесу.

- **Усвідомити, що скорочення витрат – це лише один крок у процесі вдосконалення.** Шість сигм не полягає в програмуванні скорочення витрат для стратегічних цілей. Навпаки, цей метод виступає за ефективність і результативність шляхом переорієнтації цілей компанії на очікування клієнтів, а не бухгалтерський підхід, який розраховує відомі витрати і нехтує впливом на клієнта.

- **Обов'язково включіть вдосконалення в посадові інструкції.** Не завжди легко реформувати процес в компанії для того, щоб застосувати "Шість сигм". Співробітники або робітники часто вважають, що у них немає часу на таку переоцінку і вважають, що вони і так приділяють достатньо часу компанії. Проте цей "надлишок" часу, який вони витрачають на роботу в компанії, часто пов'язаний з неефективністю та непродуктивністю. Це не обов'язково пов'язано з небажанням працівника, а скоріше з самим процесом.

- **Пам'ятайте, що динаміка команди є основною причиною провалу проекту.** Хоча здається, що керувати командною динамікою легко, це одне з основних джерел невдач. Тому важливо побудувати міцний фундамент. Для цього керівник проекту повинен чітко пояснити всі нюанси проекту. Проведення зустрічей, встановлення порядку денного та визначення відповідних ролей і обов'язків є відправною точкою для забезпечення того, щоб проект не розпочинався на хиткому ґрунті.

- **Слід враховувати, що Чорні пояси не несуть повної відповідальності за зусилля.** Чорні пояси призначені для того, щоб бути лідерами команд. Як пояснювалося вище, це, як правило, люди, навчені використанню інструментів і методик для поліпшення – майже як операційні керівники. Небезпека полягає в тому, що всі (включаючи керівників компанії) відокремлюють себе від відповідальності за проект, оскільки уявляють, що вітчизняні фахівці є для того, щоб запустити "Шість сигм". Однак належне функціонування компанії – це командна робота, в якій задіяні всі ієрархічні управлінські позиції.

- **Розглядати "Шість сигм" як поліпшення безперервності.** Один з принципів методу – працювати безперервно і постійно забезпечувати якісний процес, а не формувати команду, відповідальну за "Шість сигм", як тільки в компанії з'являється проблема неефективності або неефективності.

- **Думайте про менеджмент як про активного гравця.** Щоб "Шість сигм" спрацювали, керівники компанії повинні забруднити руки і вважати себе учасниками роботи компанії. Вище керівництво усвідомлює, що культурний феномен є важливим елементом в управлінні бізнесом. Однією з сильних сторін "Шість сигм" є те, що вона заохочує проактивну позицію на всіх ієрархічних рівнях.

- **Будьте уважні до змін в управлінні бізнесом.** Якщо зміни на стратегічних рівнях не будуть добре керовані компанією, то потенційні результати залишаться низькими.

# СПОРІДНЕНІ МОДЕЛІ ТА РОЗШИРЕННЯ

## Lean Six Sigma (LSS)

Lean Six Sigma (LSS) – це розширення Six Sigma, яке набуває все більшого значення. Воно більше орієнтоване на виробничий процес, в той час як Шість сигм зосереджується в основному на самому продукті. Ця споріднена модель дозволяє скоротити робочий час і періоди очікування, необхідні для налагодження більш ефективного процесу.

Стратегічними цілями цієї моделі є:

- підвищення доданої вартості технологічних завдань;

- скорочення часу та вартості процесу за рахунок виключення діяльності, що не має доданої вартості;

- що робить процеси більш плавними;

- підвищення якості продукції за відгуками споживачів;

- заохочення розвитку культури постійного вдосконалення всередині компанії.

Основними напрямками діяльності є:

- визначення цінності та ідентифікація кроків, які її створюють;

- виявлення та усунення марнотратства та прихованих витрат;

- контроль джерел відхилень шляхом дотримання етапів процесу.

## Загальне управління якістю (TQM)

Загальне управління якістю є більш старим підходом до управління якістю, ніж "Шість сигм". Їх спільною метою є мобілізація всієї компанії для досягнення бездоганної якості при одночасному зменшенні відходів і поліпшенні кінцевого продукту за рахунок підвищення продуктивності. TQM фокусується на клієнті – задоволеності та лояльності

– хоча практика контролю якості та самоконтролю має тут важливе значення.

Методологія моделі полягає в наступному:

- **План.** Розробка стратегічних цілей та планів покращення розкладу.

- **Робити.** Впровадження та застосування вдосконалених виробничих процесів.

- **Перевірка.** Аналіз задоволеності та контроль якості продукту.

- **Діяти.** Корекція витрат і відходів та контроль етапів виробництва.

На думку американського фахівця з управління проектами Френка Анбарі, "Шість сигм" є більш повною і всеосяжною, ніж TQM, оскільки забезпечує фінансові результати і поєднує в собі передові інструменти аналізу та управлінські методи. Вона також узагальнює взаємозв'язок між двома методологіями: Шість сигм = TQM + клієнтоорієнтованість + додаткові інструменти аналізу даних + фінансові результати + управління проектами.

# ПРАКТИЧНЕ ЗАСТОСУВАННЯ

## ПОРАДИ ТА РЕКОМЕНДАЦІЇ

Тепер ми застосуємо методологію DMAIC, описану вище, для практичної візуалізації її внеску в компанії. Для того, щоб компанія могла ініціювати стратегічну трансформацію, таку як "Шість сигм", вона повинна ефективно інтегрувати наступні п'ять кроків в якості керівництва.

- **Визначте мету, якої потрібно досягти для покращення.** Цей крок дозволяє спрямувати команду таким чином, щоб всі члени йшли в одному напрямку. Він також підтримує аналіз зв'язків між різними етапами процесу і, отже, роботу над поліпшенням продукту, визначенням потреб клієнтів і оцінкою очікуваних результатів. Важливо об'єктивно визначити проект, кількісно оцінивши його за допомогою бази даних. Етап збору даних є вирішальним кроком, оскільки він слугує робочою основою для всього проекту.

- **Виміряйте поточний середній рівень виробництва.** Життєво важливо виміряти те, що процес здатний виробляти, і оцінити кількість дефектів. Таким чином, чорні пояси знають частоту дефектів і проводять порівняння з конкурентами. Важливо зосередитися на ключових елементах процесу, тобто тих, які мають найбільший вплив на якість. Цей крок дає можливість виміряти сигму, стандартне відхилення процесу, що корисно для того, щоб побачити різницю між поточним середнім показником і метою, ідеальним середнім показником, якого потрібно досягти.

- **Подальший аналіз для виявлення причин розриву.** Отримані цифри аналізуються для того, щоб оцінити результативність процесів по відношенню до своїх можливостей і того, що роблять конкуренти. Метою цього кроку є розрахунок розривів у результативності (тобто різниці між тим, що робиться сьогодні, і тим, що може бути зроблено в майбутньому). Тому ми повинні аналізувати отримані вимірювання, шукати першопричини, перевіряти їх і т.д.

- **Інновації для заповнення стандартного відхилення та переміщення середнього значення.** На цьому етапі повинні бути запропоновані потенційні рішення, щоб закрити прогалини, наявні в процесі, і більше відповідати очікуванням клієнтів щодо продуктивності.

- **Контроль нових показників з точки зору якості.** Під час цього останнього етапу повинні бути проведені остаточні перевірки для підтримки досягнутого рівня якості та забезпечення ефективного і безперервного процесу розвитку. Для цього чорні пояси виконують певні дії для підтримки нових ключових елементів у робочому процесі. Вони також повинні перевіряти, що команди добре дотримуються процесу, вимірювати результати і підтверджувати функціонування плану. Якщо виникає нова проблема, Чорні пояси та їхні команди повинні бути в змозі негайно відскочити назад і переробити процес.

Щоб підсумувати всі ці кроки, необхідно визначити проект, виміряти поточну ефективність, виявити проблеми за допомогою аналізу, впровадити інновації за допомогою відповідних рішень і контролювати переналаштований процес, щоб переконатися, що проблема дійсно вирішена.

##  ПРИЄМНО ЗНАТИ

На думку американського економіста Джорджа Екеса, щоб правильно здійснити стратегічну трансформацію якості та ефективно управляти цим процесом, корисно розглянути вісім практичних кроків:

спільно визначити угоду про стратегічні цілі;

створення загальних процесів, ключових підпроцесів та процесів імплементації;

призначають Чорні пояси процесів;

розробити стратегію, в якій різні команди визначають кроки та цілі протягом усього процесу;

зібрати необхідні дані для обраної системи показників;

визначення критеріїв відбору проектів;

відбір проектів за цими критеріями;

постійно керувати процесом для досягнення стратегічних цілей компанії.

## ТЕМАТИЧНЕ ДОСЛІДЖЕННЯ

Проект компанії Х передбачає вдосконалення інструменту підтримки прийняття рішень (бази даних) для продавців, щоб вони могли робити прогнозні оцінки продажів.

# Визначення проекту та учасники проекту

Цей проект реалізується тому, що багато продавців незадоволені цією базою даних, яку вважають недостовірною через відсутність оновлень. Інструмент не дозволяє їм правильно прогнозувати продажі. Для визначення проекту, а також основних гравців проводяться численні інтерв'ю та дослідження:

- Першочергова увага приділяється визначенню проблеми та процесів, необхідних для вдосконалення інструменту підтримки прийняття рішень. У нашому випадку йдеться про пошук надійного способу прогнозування майбутніх фінансових ставок.

- Інструмент під назвою "аналіз зацікавлених сторін" (запозичений з навчального модуля ЄС з технічного співробітництва та адвокації) дозволяє створити шаблон, позиціонуючи різних гравців та/або відділи: фінансовий відділ, відділ продажів та IT-відділ. Шаблон, показаний у вигляді сітки, організовує зацікавлені сторони відповідно до їхніх інтересів та повноважень (від низьких до високих) і визначає їхнє ставлення, вплив та важливість з точки зору поставленої мети.

Крім того, для успішної реалізації проекту компанія повинна також переконати деякі відділи – в тому числі IT-відділ – які не бажають і вважають це непотрібним кроком.

# Вимірювання та аналіз спроможності процесу

Перш ніж визначати новий процес, команда повинна взяти на себе відповідальність за базу даних і скласти перелік наявної інформації та кроків, а потім дослідити потенційну додану вартість ідеального інструменту. Іншими словами, необхідно провести аналіз за продуктами, асортиментом, датою продажу тощо, щоб виявити прогалини та підвищити якість даних.

Потім ми повинні знайти внутрішню інформацію (продажі, запаси, якість продукції і т.д.), яка становить достатньо репрезентативну частину процесу вдосконалення, щоб досягти чудового результату з точки зору якості даних. Команда, що працює над проектом, витягує 100 партій даних, щоб проаналізувати їх і перевірити з відділами продажів, які з них є безперечно надійними.

При цьому визначається вибірка, що відповідає репрезентативній частині всього населення країни, де знаходиться бізнес, з метою спостереження за реаліями на місцях. Таким чином, протягом декількох днів чорні пояси працюють з командами продавців, щоб вручну перевірити дані і порівняти їх з рахунками-фактурами. Висновки не є миттєвими: серед інвойсів можуть бути відсутні, дублікати або ж ті, що не відповідають дійсності.

Потім команда відповідає за визначення поточних показників і тих, що мають бути досягнуті завдяки новим заходам, які будуть впроваджені за допомогою системи "Шість сигм". Зокрема, вона має на меті корекцію на 1,5 сигми, тобто перехід від 4,5 сигми до 6 сигм.

Ми бачимо, що перехід від 4,5 до 6 сигм викликає значне падіння рівня дефектності, досягаючи в кінцевому підсумку показника надійності 99,99% (тобто знаменитого рівня дефектності 3,4 дефектів на мільйон, вираженого в обсязі нижче).

Вивчивши дані, експерти виділяють основний дефект, який впливає на якість даних, а саме – неправильне поводження з інструментом з боку продавців. Це пов'язано з низкою факторів:

- занадто багато людей можуть кодувати інформацію, але відповідальність не встановлена;

- багато хто спостерігає відсутність інтересу та дезінформацію.

База даних, будучи відносно складною, страждає від змін і неточного використання людьми, не навченими працювати з такого роду інструментами. Потім вони виміряли можливості або джерела помилок:

- некомпетентні люди, які вводять інформацію;

- неправильно закодовані дані.

## Рекомендації

Ось які рішення пропонуються:

- встановити сеанси доступу до бази даних та визначити осіб, які можуть ними скористатися;

- зробити певні поля обов'язковими для учасників.

Для застосування цих рекомендацій необхідно переорієнтувати команди: доступ до бази даних має лише команда продавців, тоді як команда IT відповідає за визначення необхідних полів користувачами (продавцями). IT-команда швидко впроваджує необхідні інструменти, в той час як команда продавців є більш стриманою. Потім керівник IT-команди пропонує схему заохочення, еквівалентну тестуванню (протягом двох місяців), яка визначить найкращого продавця (того, чия якість закодованої дати є кращою) і винагородить його премією.

## Моніторинг нового процесу

Після цього тесту вживаються заходи для перевірки надійності цього нового методу кодування даних. Серед них є багато статистичних інструментів (таких як середнє та стандартне відхилення). Ця остання частина, яка є дуже важливою, часто не береться до уваги через брак часу, що підриває низку спочатку добре виконаних проектів.

# РЕЗЮМЕ

- Шість сигм – це статистичний підхід для бізнесу. Він ставить клієнтів у центр уваги, щоб привабити їх покращеною якістю продукції.

- Є три пріоритети: клієнти, співробітники та процеси.

- Протягом тридцяти років такі компанії, як Motorola, General Electric, Kodak і SFR використовують "Шість сигм" для вдосконалення і отримання або збереження конкурентних переваг.

- Коли мета "Шість сигм" досягнута, чого на практиці не буває, існує майже ідеальна оцінка надійності: 3,4 дефекти на мільйон дефектних можливостей (тобто 99,99% надійності).

- Філософія "Шість сигм" заохочує постійну переоцінку, яка підтримується протягом тривалого часу (невпинне прагнення до досконалості).

- Для того, щоб впровадження методу було успішним, в ньому має брати участь вся компанія.

- Шість сигм може не спрацювати, якщо розглядати лише технічні аспекти (зниження витрат тощо).

- Якщо зміни не будуть добре керованими в компанії, можливі результати залишаться низькими.

- Lean Six Sigma – це розширення методу, яке більше фокусується на виробничому процесі.

- Якщо ви хочете забезпечити успіх підходу, важливо ретельно дотримуватися кроків методології DMAIC.

# ЧИТАТИ ДАЛІ


## БІБЛІОГРАФІЯ

Айт Белкасем, Е. Х. (2005) *"Шість сигм успіху" (Puissance Six Sigma)*. Париж: Dunod.

Атмака, Е. и Гінерес, С. С. (2013) Методологія та застосування Lean Six Sigma. *Якість та кількість*. 47(4).

Бергер, А. (2002) Шість сигм: ще один ешелон до підвищення продуктивності? *Dossier technique des pays de Savoie*.

Еккес, Г. (2001) Мета *"Шість сигм"*. *La révolution dans la qualité*. Paris: Pearson.

Квак, Ю. Х. и Анбарі, Ф. Т. (2006) Переваги, перешкоди та майбутнє підходу "Шість сигм". *Technovation*. 6(5-6).

Ларсон, А. (2003) *Демістифікація "Шість сигм": Підхід до безперервного вдосконалення в масштабах всієї компанії*. Amacon: Американська асоціація менеджменту.

Ліндерман, К., Шредер, Р.Г., Захер, С. и Чу, А.С. (2003) Шість сигм: теоретична перспектива досягнення цілей. *Журнал операційного менеджменту*. 21(2).

Панде, П. С., Нойман, Р. П. та Кавана, Р. Р. (2000) *Шлях до шести сигм. Як GE, MOTOROLA та інші провідні компанії відточують свою продуктивність*. Нью-Йорк: McGraw-Hill Companies.

Траскотт, В. Т. (2003) *Шість сигм: Постійне вдосконалення для бізнесу*. Оксфорд: Butterworth Heinemann.

Ми хочемо почути вас!
Залишайте коментарі в онлайн-бібліотеці
та діліться улюбленими книгами в соціальних мережах!

Майстер ISBN: 9782808601276
Паперовий ISBN: 9782808602723
Юридичний депозит: D/2022/12603/273

Цифровий дизайн: Primento,
цифровий партнер видавництва.